AF257479

EPISTRE
D'OVIDE, MISE
NOVVELLEMENT EN
FRANÇOIS POVR SERVIR
de Factum à vne cause
pendante à la Cour de
Parlement.

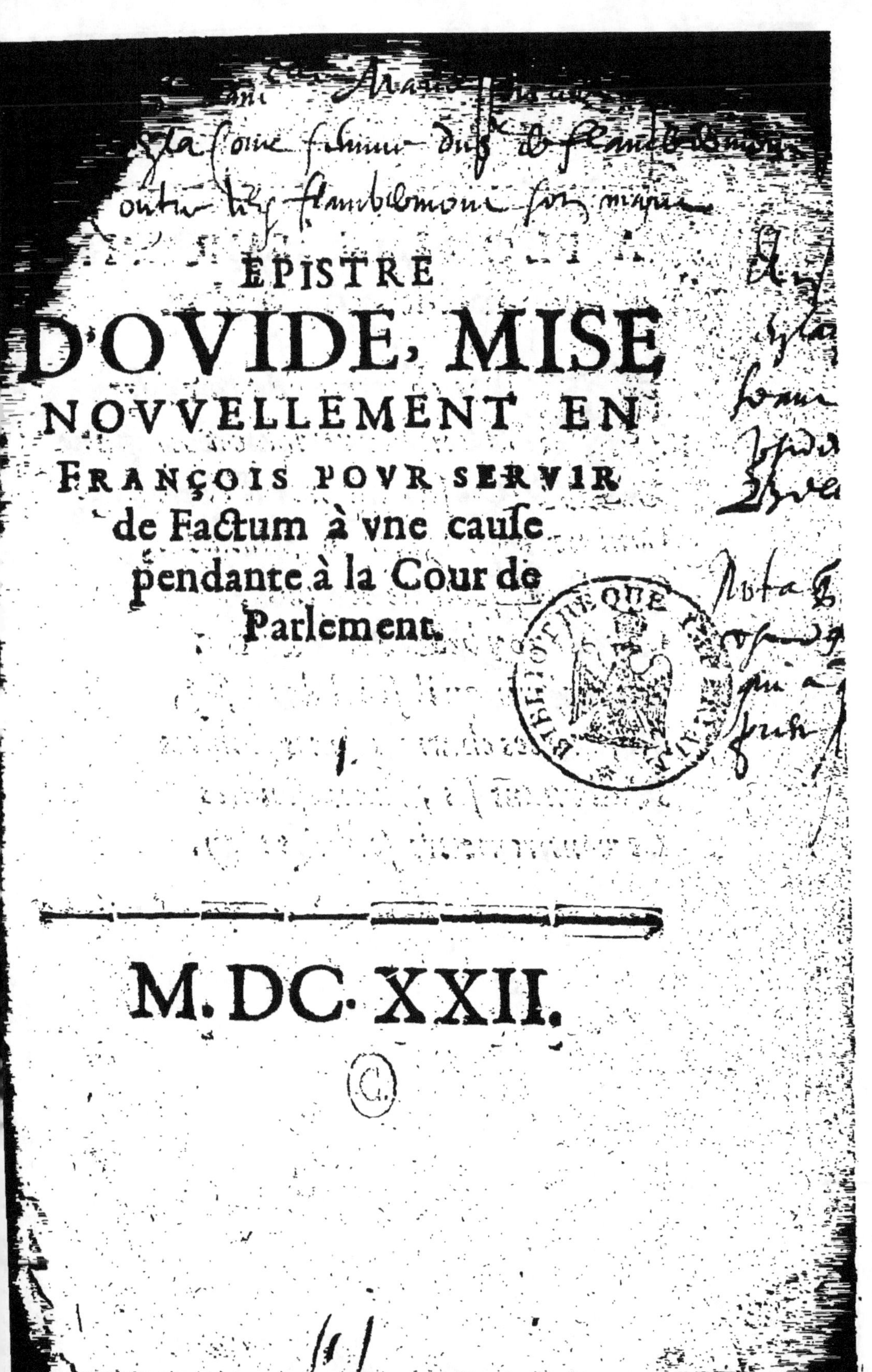

M. DC. XXII.

A FLORIDE, SVR L'INfidelité de Polidor.

SI les charmes de ton visage
N'ont peu retenir cét Amant
Qui faict gloire d'estre volage
Comme toy d'aymer constamment,
Que le desespoir ne te guide,
Console toy belle FLORIDE
Au mespris qu'il faict de ta foy,
Puis-que les charmes de ces plaintes
R'allumant ses flâmes esteintes
Le vont remettre soubz ta loy.

EPISTRE D'OVIDE MISE

nouuellement en François pour seruir de Factum à vne cause pendante à la Cour de Parlement.

ERFIDE. Si tes yeux mécognoissent les characteres de mes lettres, comme ton ame ingrate a effacé ceux que mon amour t'auoit graué dedans le cœur : refuse les à la lecture d'vne fueille qui ne se noircit pas si tost d'encre qu'elle te noircit d'vne atroce iniure. Mais s'il est vray que tu recognois les trais de la main dans laquelle tu as mis la tienne pour me iurer la foy, que tu as si laschement vio-

lée, endure iuſtement que ie te nom-
me perfide, ingrat, deſloyal & par-
iure. A la verité ie te confeſſe que i'ay
regretté le temps auquel il m'eſtoit
permis de t'entretenir auec les plus
douces paroles dont l'amour pou-
uoit emmieller ma langue. Car cer-
tes tu m'aymois, & ton affection me-
ritoit quelque recompenſe. Ie t'a-
uouë auſſi que les ſouuenirs de mes
felicitez eſtoient bien doux à ma
penſée. Mais maintenant que tu
m'as ſi vilainemēt outragée & que tu
t'efforces ſi obſtinement de me perdre, ie ne veux plus qu'ils repaſſent
dans ma memoire, que pour me faire
conceuoir de l'aigreur & de l'amer-
tume cōtre ton infidelité. Ie ne veux
plus y chercher des ſoulagemés, mais
pluſtoſt des aliments à ma douleur
afin quelle s'augmente s'il eſt poſſible & qu'elle me conſume.

C'eſtoit au temps, il t'en ſouuient,
que la peſte deſertoit Paris & peu-

ploit les villages d'allentour, que tu
tins ou ie m'eſtois retiree auec mes
parens pour éuiter la rage de ceſte
maladie. Hé qu'il euſt bien mieux va-
lu pour mon contentement que ie
m'y fuſſe expoſée. Car vne autre peſte plus furieuſe que celle-là s'empa-
ra de ton ame, & ſe coula ſi ſubtile-
ment dans tes moüelles, qu'auſſi toſt
que tu m'euz hallenée il me fut im-
poſſible d'en éuiter la contagion. Ce
fut amour, qui jaloux du repos de ma
vie, le voulut troubler par les plus ru-
des attaques dont il ait iamais aſſailly
le cœur d'vne pauure fille. O Nymphes qui frequentez l'ombrage des
bois, la fraiſcheur des fontaines &
l'émail des prairies de Laï, viſtes-
vous iamais vne de vos compagnes
qui joüit plus franchemét de ſa douce liberté; alors que ſans affection
i'alloy ou mon pied me guidoit par-
my vos agreables promenades? Ce
jour fut mal'heureux que tu me veis

auec vne si chere troupe, & que tes
yeux mé iugerent seule digne de ton
choix pour me prendre la main dans
la dance. Lors telle auoit de la jalou-
sie de mon bon-heur qui maintenát
jette des larmes de compassion pour
ma calamité : il me souuient que ie
chantois & que ton cœur sautoit de
ioye, rauy des accens de ma voix.
Dieux ! quel funeste changement!
ces chants de victoire auec lesquels
ie trióphois de ta liberté, sont maintenant changez en complaintes fu-
nebres qui m'accompagnét iusqu'au
tombeau. Car que me reste-il autre
chose qu'vn cercueil pour enseuelir
mon desastre auec la memoire de ta
deloyauté. Sus deliurons Polidor de
sa plus cruelle ennemie, & ses parens
de la cruauté de cette Medée à qui
son art succede si malheureusement.
Ne dédaignez point mes compagnes, d'assister aux funerailles de vostre chere sœur, La fortune luy a fait

souffrir nauffrage de fon bon-heur, mais non pas de fon honneur; elle peut eftre dite mal'heureufe, mais non pas criminelle. Semez hardimēt autour de fa tombe les Lis & les Rofes. Les vnes fignifieront par leur blancheur, fa chafteté, fa modeftie & la cādeur de fon ame: & les autres par leur couleur de fang, la cruauté dont l'amour & la fortune ont enfanglanté la cataftrophe de fa vie.

Mais pourquoy mourray·ie puifque ie peux viure auec honneur: & qu'il importe quē ie viue, afin que par la fuite de mes vertueufes actiōs, ie ferme la gueule de ce monftre qui fe defgorge en medifances contre moy? Que ceux-là meurent qui ont rompu leur foy. Que ceux-là meurēt qui veulent prophaner les plus faints myfteres pour trōper vne innocente fille. Que ceux-là meurent qui font defia morts au monde d'vne mort ciuile & qui furuiuent à leur reputa-

tion. Vrayment il te fait beau vee
contrefaire le fol & feindre d'estre
despourueu de sens afin de deffend
auec apparence de raison vne mau
uaise cause. L'artifice de ton infidelité est merueilleusement subtil, on
tasche ordinairement de combattre
son aduersaire auec l'auantage de la
raison: mais toy par vn nouueau stra-
tagéme tu t'efforces de surmonter
mon bon droit par le manquement
de la raison mesme. On dit qu'Vlysse
encore brulát des premieres ardeurs
qu'il conceuoit dans le sein de sa cha-
ste Penelope contrefit le fol de peur
d'estre solicité de quitter les com-
bats amoureux pour s'acheminer à
la guerre de Troye. Il preferoit les
myrthes de Venus aux Lauriers de
Mars, & le contentement de sa mai-
stresse, à sa renommée & au nom
qu'il deuoit acquerir en vne si braue
& genereuse expedition! Helas que
mon sort est semblablement dissem-
blable

Heau tien Penelope, puisque vn
loyal par vne ruse plus que qu'Ita-
lioise, feint d'estre surpris de folie
pour surprendre mon innocence &
ne craint point la perte de sa reputa-
tion, pourueu qu'il perde la mienne.
Quelle faute ma renduë si criminel-
lement coulpable enuers toy qui aye
peu changer vne affection si saincte,
en vne haine si capitale, qui te face
ruiner volontiers de biens & d'honneur pourueu que ie sois enseuelie
dedans tes crimes & que ie prenne
coup en ta cheute? Que l'on examine
curieusemét ma vie! & que les yeux
mesmes de la calomnie trauaillent à
ceste recherche, si est-ce qu'elle n'y
trouuera aucune tache, si ce n'est pa-
rauenture qu'on estime que c'est vn
crime d'aymer celuy que les liens du
mariage & de l'affection m'ont con-
joint d'vne mesme estreinte. Car ie
veux bien que l'on sçache que ie n'ay
pas esté si imprudente de me laisser

aller aux promesses d'vn homme paſ-
sionné pour faire seruir de moyen &
d'approches à mon contentemēt ce
qui deuoit seruir de but & de termo
au tien. L'esclat de ta fortune n'a peu
eſtonner ma conſtance ny esbloüir
ma vertu : ie te l'ay voulu conseruer
toute pure & toute entiere : & cela
m'en rendoit d'autant plus digne &
plus capable au iugement de tout le
monde. Non non, ce n'a point eſté à
la deſrobée ny par ſurpriſe que tu as
ioüy de moy, nos embraſſemés n'ont
point eſté des larcins d'vne amour
impudique, mais des preſens d'vne
chaſte Venus. Le flambeau de Cupi-
don n'a peu du tout embrazer mon
cœur, qu'auparauant celuy d'hymenée n'ayt eſté allumé, & ie ne t'ay o-
ctroyé aucune de mes nuicts que ie
n'aye veu paroiſtre le iour de mes
nopces. Allez maintenant, parens de
mon fugitif & dites que noſtre mariage a eſté clandeſtin, auquel la fam-

te nopciere Iunon, la ceinte Venus le
Genial Hymenée, tant de Nymphes
& de Paranymphes ont assisté; lequel
a esté iuré si solemnellement, solem-
nisé si saintement, sanctifié si cere-
monieusemét par les plus sacrez my-
stes de la religion & de la confar-
reation. Il n'y a rien eu de secret que
ce qui a esté caché des courtines du
lict nuptial, & que l'honnesteté me
commande de celer comme la neces-
sité que vous m'imposez me force de
le dire. Encores crois-ie que les a-
mours, les graces, les ris & les ieux y
ont esté presés & en sont les témoins
irreprehensibles. A la verité vous n'a-
uez esté appellez que par la voix pu-
blique à nostre Hymenée. Mais à
quel propos de conuoquer ceux de
qui l'œil ennemy eut troublé nos au-
gures & qui par leur absence dom-
mageable témoignét assez combien
leur presence nous eut esté nuisible.
Vos déportemens & vos pratiques

me monstrét bien que vous auez de-
siré qu'il arriuast ainsi que ma misere
vous dónast plustost vne succession
que ma felicité des neueux. Si est-ce
que mon alliance ne vous doit point
faire rougir encore que l'escarlate pa-
triciéne rougisse dessus vos espaules.
I'ay aussi de mon costé, dequoy me
vanter, si le veux enrichir mes armo-
ries de la pourpre qui éclate en la pro-
uince Armorique.   Mais la vertu n'a
que faire de ces ornemens estranges,
& paroist assez de son propre lustre
sans en emprúter ailleurs. D'où vient
donc que vous mesurez la baze auec
la statuë, & que vous ne distinguez
point la fortune de la vertu? D'où
vient que vostre iugement si roide &
si entier pour autruy fleschit maintenant sous le poids de l'inrerest parti-
culier? Souffrez que la vertu reçoiue
quelquefois vn autre prix pour sa re-
compense que le témoignage de la
bonne conscience.   Mais toy cruel,

auec quel front oze-tu me reprocher
ma pauureté & l'inegalité de mes richeſſes, toy diſ-ie qui proteſtois à
ceux qui te vouloiét diſſuader le par-
ty, que tu eſtois amoureux non de la
beauté d'vn viſage, mais de celle de
l'ame, non des biens que nous tenôs
par emprunt du ſort, mais des richeſſes ſur leſquelles la Deeſſe qui main-
tient ſon droit ſur toutes choſes n'a
aucune puiſſance. Combien de fois
t'ay-ie oüy defendre conſtammét la
cauſe de la vertu contre cette incon-
ſtante & perſuader auec de fortes rai-
ſons à tes amis, de choiſir côme toy
pour femme non les riches, mais les
ſages? Ie bondiſſois d'aiſe de t'oüyr ſi
bien dire, & neantmoins repenſant à
part moy, ie diſois auec quelque pe-
tit mécontentement. Cét homme à
plus de raiſon que d'amour. Où ſont
maintenant ces diſcours philoſophi-
ques dont tu battois nos cómuns en-
nemis; qui te les arrache des poings

pour t'y mettre vne marotte de laquelle tu t'escrimes si rudement contre moy ? Vrayment la Circé qui t'a chágé d'hõmme en beste à des charmes bié plus puiſſans que ceux qu'on dit que i'ay employez pour te ſurprédre. Il te falloit, il te falloit vne femme que ſes richeſſes euſſent renduë inſolente & imperieuſe, qui ne t'eut parlé que par caprice, ſalüé que par boutade, & regardé que de trauers, qui apres t'auoir rompu la teſte des tropheez & des triomphes de ſes anceſtres, fut ſortie iournellement en pompe trainée dás vn chariot à quatre cheuaux comme pour triompher elle meſme de ſon mary. Ce ſont celles-là qui font veritablement perdre le ſens à vn homme, aymant mieux eſtre maiſtreſſe de leur maris inſenſez que leur obeyr eſtans ſages. Les Dieux t'ont mieux addreſſé, mais ton mauuais cõſeil t'empeſche de ioüyr de ton bon-heur & de gouſter les

plaisirs d'vne vie paisible & contête.
Ie veux que ie ne contribuë pas autāt
de richesses que toy à noſtre mariage; mais i'y apporte auſsi plus d'affection. Qu'elle poſſeſſion te doit eſtre
plus chere & plus pretieuſe que celle
d'vn cœur qui ſe conſerue tien, meſ-
mes alors que tu en refuſes la ioüyſ-
ſance? Recognoy ta faute, Polidor,
& prefere la douce priſon de ta maiſtreſſe à la captiuité cruelle de tes en-
nemis, & les aimables liés de l'amour
coniugal aux chaiſnes qu'on te pre-
pare comme à vn furieux. Car ie me
trôpe, ou l'artifice que tu employes
côtre moy ſeruira de piege pour t'at-
traper toy-meſmes, ſi tu ne preuiens.
La vengeance qui te pend ſur la teſte
par vne prôte ſatisfaction. Croy moy
qui te conſeille encor vn coup en a-
mie. N'attends point que les Areopa-
ges qui ont les yeux clos à toute ſorte
de faueur, & qui balancent tout au
poids de l'équité te redônét par force

à celle à qui tu t'estois si liberalemét
dóné. Tádis qu'il te reste encor quelque lieu de merite en mon endroit.
Occupe-le ie t'en prie, & ne souffre
point que ie sois totalement redeua-
ble à d'autres de cë dont ie t'estois si
éstroittemét obligée. Que si ie seme
en vain mes paroles en l'air, sás émou-
uoir ce cœur qui ressentoit autrefois
tát d'émotió d'vn seul regard de mes
yeux. O Dieux, ie vous inuoque, Vá-
gez vostre iniure sur ceste teste infi-
delle. Si vous auez oüy ses execrables
parjures ou il vous appelloit pour témoins, oyez mes deuotes prieres ou
ie vous appelle pour vangeurs, & si
vo⁹ l'auez veu prophaner vos autels,
que tardez vous de les lauer du sang
de ce prophane. Gráds Dieux ne per-
mettez point que l'impieté triópháte
iniustement de l'innocence me face
lóg-téps douter si vous auez soin des
affaires de ce móde, ou si tout se regit
par la conduite aueugle du hazard &
de la fortune.   F I N.

BIBLIOTHEQUE NATIONALE DE FRANCE
3 7502 00810764 3